Perla
Servan-Schreiber

Mes 30 recettes d'été

Photographies
Nathalie Carnet

Éditions
de La Martinière

« Bien plus que se nourrir et se régaler ensemble, cuisiner est magique pour tisser des liens dans la joie, souder une famille, des amitiés et voyager dans son assiette. »

Introduction

J'avais un rêve : faire un livre de cuisine malin, petit, léger, qui se faufile partout dans la poche, la valise, le sac ou le panier, comme Ratatouille de Pixar® se glissait sous la toque du faux chef pour lui souffler la recette parfaite.

Le voici ! Il ne pèse que 58 grammes* pour 30 recettes simples d'été. Mes préférées.

Celles qui font l'unanimité à ma table où fleurissent des générations de gourmands. Celles qui ont un « truc » d'ici ou d'ailleurs, un goût de revenez-y. Ras le bol de la tomate-mozza ? Vous serez convaincus par mon carpaccio tomate-fraise-vanille. Une alternative au gaspacho ? Essayez mon gaspachiche !

30 ingrédients, 30 recettes pour briller cet été.

* Un livre de recettes pèse 1,5 kg en moyenne.

1. Boisson au gingembre

« C'est bon pour tout, pour tous, et tellement savoureux, bien frais ! »

Ingrédients pour 3 l

150 g de racine de gingembre pelée, découpée en lamelles fines - 2 bâtons de citronnelle découpés en 4 - 4 c. à s. de miel - Le jus de 4 citrons verts

Dans une casserole, 3 l d'eau bouillante, gingembre et citronnelle. Couvrez, baissez le feu au maximum et laissez cuire 1 h 30.

Filtrez le tout dans une passoire posée sur un grand saladier. Jetez gingembre et citronnelle. Ajoutez le miel. Remuez. Laissez refroidir avant d'ajouter le jus de citron. Goûtez, ajustez en miel ou en citron. Remplissez des bouteilles et placez-les au frais.

2. Black Meddo

« Ce bol de purée noire au goût mystérieux et addictif fait l'unanimité à l'apéritif, avec pain ou gressins. Personne ne devine de quoi c'est fait... Chez moi, en Provence, il a détrôné la tapenade. Se garde un mois au frais, d'où les quantités! »

Préparation : 15 min / Trempage : 15 min
Ingrédients pour 12

60 olives noires grecques dénoyautées - 8 tranches de tomates séchées - 6 dattes Medjool (grosses et mielleuses) - 2 gousses d'ail rose - 3 c. à s. d'huile d'olive - Piment d'Espelette à volonté

Trempez 10 min dans de l'eau chaude olives et dattes dénoyautées. Égouttez-les. Épluchez l'ail et retirez le germe.

Découpez tous les ingrédients et mixez-les ensemble dans un robot.

Versez cette purée noire dans 2 bols et gardez-la au frais. Consommez-la à température ambiante : les saveurs sont plus vivaces, la devinette impossible !

3. Gaspachiche

« Une sorte de gaspacho rose aux pois chiches… Un jeu d'enfant aux saveurs contrastées, à condition d'être équipé d'un bon blender. »

Préparation : 15 min / Ingrédients pour 4
1,5 kg de tomates cœur-de-bœuf - 3 branches de céleri (avec 8 feuilles vertes) - 4 petits oignons frais - 1 gousse d'ail nouveau - 180 g de pois chiches égouttés (en bocal) - 6 c. à s. d'huile d'olive - 2 c. à s. de vinaigre de Xérès - Sel, poivre

Coupez les légumes grossièrement pour remplir votre blender aux 2/3, avec les autres ingrédients. Mixez à puissance maxi 4 ou 5 min afin d'obtenir une parfaite onctuosité. Recommencez s'il vous reste des ingrédients. Goûtez. Ajustez. Réservez au frais quelques heures.

Vous aimez le gaspachiche ? Essayez le gaspacho de melon au piment d'Espelette : à ces 2 ingrédients, ajoutez 2 c. d'huile d'olive et de vinaigre de Xérès. Blendez, dégustez !

4. Concombres à la japonaise

« Si vous aimez la saveur aigre-douce, cette recette est pour vous. Pensez-y le matin : le concombre doit dégorger plusieurs heures pour devenir parfaitement digeste. »

Préparation : 10 min / Pause pour dégorger : 1 h (3, c'est mieux) / Ingrédients pour 4

2 grands concombres - 1 c. à s. de graines de sésame blanc (facultatif) - 1 c. à s. de sel fin - 5 c. à s. de vinaigre de riz ou de cidre - 2 c. à s. de sucre - 2 c. à s. de sauce soja

Découpez les concombres épluchés en très fines tranches au robot ou à la main. Déposez-les dans une passoire placée dans une assiette creuse. Saupoudrez de sel. Recouvrez d'une petite assiette à même les concombres et déposez un poids dessus (par exemple la bouilloire pleine).

Dans le saladier de table, mélangez vinaigre, sucre, sauce soja. Ajoutez le concombre égoutté. Mélangez. Goûtez, ajustez à votre goût.
Saupoudrez de graines de sésame grillées.
Se mange tel quel. Idéal aussi avec le saumon frais vapeur, poêlé ou fumé.

5. Carpaccio de tomates et fraises vanillé

« 3 notes différentes, dont 2 détournées de leur usage habituel. Surprise et succès garantis ! »

Préparation : 20 min / Infusion vanille-huile : 1 h / Ingrédients pour 4

½ c. à c. de vanille en poudre ou liquide - 5 c. à s. d'huile d'olive hyper raffinée - 4 grosses tomates (ou 1,5 kg) - 15 Mara des bois - 1 c. à s. de vinaigre blanc - Fleur de sel, poivre blanc

Mélangez dans un bol vanille et huile d'olive. Laissez infuser une bonne heure. Si vous y pensez la veille, c'est encore mieux.

Pelez les tomates, coupez-les en tranches de 1 cm. Dressez-les sur un grand plat de service.

Découpez les fraises en rondelles épaisses. Déposez-les sur les tranches de tomates. Salez, poivrez, arrosez de vinaigre et d'huile vanillée. Ne mélangez pas.

N'assaisonnez qu'à la dernière minute. Préparez-vous à vivre un festival de parfums en bouche !

6. Salade de pommes de terre aux herbes folles

« Un champ d'herbes au goût de noisette! »

Préparation : 20 min / Cuisson : 25 min / Macération : 4 h (2 pour les échalotes + 2 pour la salade assaisonnée) / Ingrédients pour 4

1 kg de p. de t. (charlotte ou roseval) - 4 échalotes - 10 cornichons au vinaigre - 2 concombres à la russe - ½ bouquet de persil - ½ d'estragon - ½ botte de cerfeuil - 5 brins d'aneth ou de ciboulette - 6 c. à s. d'huile d'olive - 4 c. à s. de vinaigre de vin - Sel, poivre

2 h avant, coupez les échalotes en fines rondelles dans un bol. Recouvrez-les d'huile d'olive.

Plongez les pommes de terre dans l'eau froide avec leur peau. Portez à ébullition. Cuisson 25 min. Découpez cornichons et concombres en rondelles. Ciselez les herbes.

Égouttez les pommes de terre. Pelez-les encore chaudes. Découpez-les en rondelles de 1,5 cm dans un plat creux. Versez dessus les échalotes avec l'huile, cornichons et concombres. Remuez. 2 h après, salez et poivrez. Ajoutez un peu d'huile si besoin, vinaigre et herbes. Mélangez.

7. Tomates cerises, vinaigrette iranienne

« Le truc qui change tout: la mélasse de grenade dans la vinaigrette comme à Téhéran = Iran. S'achète sur Internet, même au fin fond de la Creuse. »

Préparation : 15 min / Ingrédients pour 4

600 g de tomates cerises - 1 gousse d'ail - 1 gros oignon rouge - 2 c. à s. de miel ou de mélasse de grenade - ½ bouquet de persil plat - 2 c. à s. de vinaigre de vin vieux - 2 ou 3 c. à s. d'huile de noix ou d'olive - 2 c. à s. de jus de citron - 2 c. à s. de ciboulette fraîche - Sel, poivre

Coupez en deux les tomates cerises. Épluchez l'ail, ôtez le germe et pressez-le. Découpez l'oignon en fines lamelles. Effeuillez le persil et ciselez-le avec la ciboulette.

Mélangez dans un saladier tous les ingrédients pour la vinaigrette. Versez-y les tomates cerises, les lamelles d'oignon, ajoutez les herbes, remuez. Dégustez.

Si vous préparez cette salade à l'avance, placez les tomates découpées au frais. Les herbes aussi, dans un autre bol. Pas la vinaigrette. Ne mélangez le tout qu'en passant à table.

“ C'est la vinaigrette qui fait la salade. ”

Vinaigrette thaïe

“ À émulsionner et déguster sur de la sucrine ou romaine. Si vous y ajoutez pousses de soja, lamelles d'ananas ou de mangue, coriandre et un petit piment rouge ou vert qui arrache, vous obtiendrez la célèbre salade thaïe familiale ! ”

2 c. à s. d'huile d'arachide ou une autre, sauf d'olive - 2 c. à s. d'huile de sésame - 1 c. à s. de sauce soja - 1 c. à c. de sauce Nuoc-mâm - 2 c. à s. de jus de citron - Ni sel ni poivre - Ciboulette

---

Ma vinaigrette

“ Bien sur toutes les salades. Ne s'émulsionne pas. ”

1 c. à c. de soja - 2 c. à s. d'huile d'olive - 1 c. à s. de vinaigre de vin - 1 de vinaigre de Xérès ou de cidre - 1 de balsamique - Sel, poivre du moulin

Versez-les dans cet ordre directement sur la salade, à la dernière minute, et remuez.

8. Champignons crus façon Robuchon

« La touche de citron, la pointe d'ail, le parmesan et les fines herbes généreuses font de cette salade une des plus exquises et des plus simples que je connaisse... »

Préparation : 20 min / Ingrédients pour 4

500 g de champignons de Paris fermes et blancs - Le jus de 2 citrons jaunes - 150 g de parmesan - 1 gros bouquet de persil plat - 1 d'estragon - 1 de basilic - 1 c. à c. de thym sec ou frais - 1 gousse d'ail et 1 échalote découpées en fines lamelles, recouvertes d'huile d'olive

Pour la sauce : 5 c. à s. d'huile d'olive extravierge - 1 gousse d'ail rose dégermé et haché (facultatif) - Sel, poivre blanc

Nettoyez les champignons avec un torchon humide. Coupez leurs pieds. Émincez-les finement dans un saladier. Arrosez-les du jus des citrons. Remuez délicatement. Réservez au frais. Découpez le parmesan à l'économe en copeaux fins (peut se faire à l'avance). Au dernier moment, ajoutez sauce et herbes, versez l'ail et l'échalote dans leur huile, remuez. Parsemez de copeaux de parmesan et servez aussitôt à température.

9. Steaks d'aubergine

“ Le choix des aubergines est déterminant. L'idéal? Les grosses de Sicile, trapues et bien en chair. De vrais steaks une fois découpées en rondelles... Sinon, prenez des classiques, tigrées, bien fermes, au diamètre généreux! ”

Préparation : 5 min / Cuisson : 10-15 min / Macération : 1 h minimum / Ingrédients pour 4
4 grosses aubergines - 3 c. à s. de flocons d'origan - 6 ou 8 c. à s. de vinaigre balsamique - Huile d'olive - Sel, poivre

Allumez le four à chaleur tournante au maximum. Rincez, séchez et découpez les aubergines en rondelles de 1,5 cm. Déposez-les sur la lèchefrite badigeonnée d'huile d'olive. Saupoudrez d'un peu de sel et cuisez-les à four très chaud une dizaine de min sans les tourner (elles seront bien dorées côté lèchefrite). Déposez-les dans un plat de service un peu creux, côté doré vers le haut. Aspergez de vinaigre. Laissez macérer. Avant de passer à table, ajoutez vinaigre, sel, poivre, origan et huile d'olive. Youpi!

10. Pastèque et céleri en salade

« Une découverte de mon séjour annuel à la clinique de jeûne Buchinger. Pensez à marier ces 2 couleurs dont la fraîcheur et les vertus diurétiques sont avérées. »

Préparation : 10 min / Ingrédients pour 4

1 belle tranche de pastèque/personne, découpée en gros dés - 1 céleri-branche dont vous utiliserez quelques feuilles vertes et 3 côtes tendres avec feuilles jaunes - 2 avocats bien mûrs - 1 bouquet de persil plat (ou une autre herbe) - Le jus d'1 citron ou 2 c. à s. de balsamique - 1 c. à s. d'huile de votre choix (olive, noix, amandes)

Découpez les côtes et feuilles de céleri en lamelles. Mélangez-les aux dés de pastèque dans un saladier.

Pour la sauce : dans le blender, déposez les avocats en dés, le persil rincé et ciselé, le jus de citron ou le balsamique avec autant d'eau, huile, sel et poivre. Mixez. Ajustez l'assaisonnement et servez dans un bol. Pour ma part, j'aime le mélange pastèque-céleri nature, avec un filet d'huile d'olive.

11. Man'ouché au zaatar

« Quelle trouvaille, cette pizza libanaise! À l'heure où le Français va chercher les croissants, le Beyrouthin croque le man'ouché. Je le sers en apéritif ou à table. »

Préparation : 10 min / Repos : 1 h / Cuisson : 15 min / Ingrédients pour 12 à 15 parts

230 g de farine bio blanche - 10 g de levure sèche - ½ c. à c. de sel - 1 c. à c. de sucre - 2 c. à s. d'huile d'olive - 3 c. à s. de zaatar (origan) - 2 c. à s. de graines de sésame - 1 pointe de piment de Cayenne (facultatif) - Fleur de sel

Dans un saladier, versez la moitié de la farine, la levure et 20 cl d'eau à peine tiède. Mélangez rapidement à la main ou à la spatule et laissez lever 30 min dans le four éteint.

Ajoutez le restant de farine, le sel, l'huile d'olive, et pétrissez 5 à 6 min à la main ou au robot.

Badigeonnez vos mains d'huile d'olive et une lèchefrite de 30 cm sur 30 d'huile d'olive. Posez la pâte dessus en l'étirant en longueur et largeur de façon à tout recouvrir. Saupoudrez de sésame, zaatar, sel et piment de Cayenne. Aspergez d'huile d'olive. Laissez lever à l'abri des courants d'air. Après 30 min, préchauffez 15 min le four à 170 °C et glissez-y la plaque 15 à 20 min. Découpez le man'ouché aux ciseaux : une *finger food* de rêve !

2. Pain marocain ou kesra

“ Le plus simple, le plus rapide et le plus succulent des pains de mon enfance... ”

Préparation : 15 min / Levée : 1 h / Cuisson : 25 min / Ingrédients pour 12, soit 2 pains (se conserve bien)
500 g de farine blanche bio - 200 g de farine complète bio type 110 - 1 c. à s. de sel - 2 c. à s. de sucre - 2 sachets de levure de boulanger Briochin - 3 c. à s. d'huile d'olive - 2 c. à s. de graines de sésame et 2 de graines de lin - Quelques grains d'anis vert (facultatif)

Dans le bol du robot, versez farines, sel, sucre, levure. Mélangez quelques secondes. Versez petit à petit 35 cl d'eau à peine tiède en faisant tourner 5 à 7 min. La pâte doit se détacher des bords. Ajoutez huile d'olive et graines. Faites tourner 5 min pour que la pâte soit souple sans coller. Posez-la sur le plan de travail fariné. Coupez-la en 2. Avec vos deux mains, formez 2 boules lisses (vive la vidéo !), aplatissez-les au rouleau en 2 pains ronds de 20 cm de diamètre et 3 cm d'épaisseur. Piquez-les au centre avec une fourchette d'un coup vif. Placez-les sur la lèchefrite + papier sulfurisé à l'abri des courants d'air. 45 min après, allumez le four, chaleur tournante, à 200 °C. Glissez-les 25 min. C'est doré et ça sent bon !

13. Crevettes à l'aigre douce

“ Un grand classique de la cuisine chinoise...

Préparation : 20 min / Cuisson : 10 min /
Ingrédients pour 4

600 g de crevettes roses crues décortiquées de taille moyenne - 1 citron - 2 c. à s. d'alcool de riz ou de vinaigre blanc - 1 c. à c. de sel - 2 gousses d'ail - 1 poivron rouge - ½ concombre - 2 tomates - 2 c. à s. d'huile végétale - 1 oignon - 2 c. à s. sucre - ½ bouquet de coriandre - ½ ananas - 2 c. à s. de concentré de tomate - 2 c. à s. de sauce soja - 1 c. à c. de fécule de pomme de terre

Faites mariner 20 min les crevettes dans le jus d'½ citron, l'alcool de riz (ou le vinaigre blanc), le sucre et ½ c. à c. de sel.

Pelez les 2 gousses d'ail et hachez-le. Coupez en dés poivron, oignon, concombre, tomates et ananas. Délayez la fécule dans 2 c. à s. d'eau froide.

Versez l'huile dans un wok et faites revenir l'oignon 3 min en le remuant avec deux spatules. Ajoutez dés de poivron, concombre, ananas, tomates, concentré de tomate, ½ c. à c. de sel, sauce soja, le jus d'½ citron et l'ail. Continuez à remuer à feu vif 2-3 min. Ajoutez alors les crevettes, et 1 min après, baissez le feu et liez le tout avec la fécule délayée. Mélangez bien. Saupoudrez de feuilles de coriandre et servez.

... au wok ou à la poêle, cette recette rapide, gourmande et colorée vous rendra bigrement service cet été. Les enfants l'adorent, surtout si vous remplacez les crevettes par des blancs de poulet en lamelles. Toujours accompagnées de riz. »

4. Saumon Kyoto

« Même si vous n'êtes pas fan de cuisine japonaise, vous en redemanderez! »

Préparation : 5 min / Cuisson : 10 min / Marinade : 8 h (4 minimum) / Ingrédients pour 4

4 pavés de saumon bio de 150 g sans peau ni arêtes de chez le poissonnier ou, mieux, 1 beau pavé de 600 g - 10 cl de sauce soja - 5 cl de vinaigre balsamique - 2,5 cl de saké - 40 g de gingembre frais râpé - 1 c. à s. de baies roses

Dans un plat de 22 cm, mélangez tout. Déposez le ou les pavés de saumon dans cette marinade. Laissez reposer au frais en retournant 1 ou 2 fois le poisson.

Retirez le poisson du froid 30 min avant de le cuire. Allumez le four à 180 °C. 15 min après, glissez-y le plat et faites cuire 7 min les pavés (10 min si le saumon est en un morceau).

Servez avec les concombres aigre-doux (p. 11), des épinards, du riz ou les 3.

15. Filets de poisson blanc au curcuma

“ Saveurs et couleurs sont au rendez-vous…

Préparation : 20 min / Cuisson : 35 min / Ingrédients pour 4

5 beaux filets de dorade ou autre poisson blanc - 8 gousses d'ail - 1 c. à c. de curcuma - 1 bouquet de coriandre - 1 oignon blanc - 700 g de tomates Roma fraîches ou surgelées - 1 poivron rouge - 5 c. à s. d'huile d'olive - 5 pétales de tomates confites (facultatif) - 1 c. à s. de sucre - 2 c. à s. de vinaigre blanc - 1 pointe de Cayenne - Sel, poivre

Pelez, dégermez et écrasez 4 gousses d'ail. Coupez l'oignon en lamelles, les tomates en petits dés. Rincez le poivron, enlevez les graines et découpez-le en lamelles de 2 cm.

Faites chauffer une sauteuse de 26 cm avec huile, curcuma et poivre. Ajoutez l'oignon et les 8 gousses d'ail (4 écrasées, 4 en chemise). Remuez 3 min. Saisissez 5 min les lamelles de poivron, ajoutez tomates, sel, poivre, sucre, Cayenne, vinaigre blanc, coriandre et tomates confites ciselées. Portez à ébullition puis à feu doux, couvrez et laissez mijoter 30 min. Déposez les filets de poisson saupoudrés de sel.

Cuisson 5 min à feu vif à découvert. Servez en recouvrant les filets de la sauce tomates-poivron, accompagnés de quinoa, riz ou purée.

… une recette de ma mère que j'ai corsée
pour en augmenter le plaisir… ”

16. Pistou chaud-froid de légumes

“ En tête de mon top 30, il a tout pour lui: joli dans l'assiette, étonnant en bouche par le contraste pistou cru froid-légumes cuits chauds! ”

Préparation : 30 min / Cuisson : 30 min / Ingrédients pour 4 à 6

350 g de carottes - 350 g de courgettes - 125 g de pommes grenaille brossées ou charlotte coupées en deux - 2 bottes d'oignons blancs - 2 gros oignons - 500 g de pousses d'épinards (facultatif) - 200 g de gros petits pois surgelés - 200 g de fèves écossées ou surgelées - 2 c. à s. de graines de fenouil - 2 c. à c. de thym - 5 c. à s. d'huile d'olive - Sel, poivre blanc

Pour le pistou : 1,5 kg de tomates cœur-de-bœuf - 15 feuilles de basilic - 3 gousses d'ail rose pelées et dégermées - 5 c. à s. d'huile d'olive - 1 c. à c. de sucre - 1 c. à s. de vinaigre blanc - Sel, poivre

Pelez les oignons blancs en laissant 3 cm de queue. Découpez les gros oignons en lamelles. Découpez carottes et courgettes en tronçons de 2 cm, et les pommes grenaille brossées (ou charlotte) pelées en 2.

Rincez et faites sauter les pousses d'épinards 2 min dans un peu d'huile. Sel et poivre.

Dans une cocotte en fonte ou un faitout, faites revenir graines de fenouil, oignons en lamelles et entiers à feu vif dans 5 c. à s. d'huile d'olive en remuant 5 min avec 2 spatules. Ajoutez thym, carottes, p. de t. et 20 cl d'eau. Baissez le feu, couvrez. 10 min après, déposez courgettes, petits pois, fèves, sel et poivre. Remuez. Si besoin, ajoutez 3 c. à s. d'eau. La sauce doit être très courte et les légumes croquants. Au bout de 15 min maxi, c'est cuit.

Pendant ce temps, dans un blender, versez les ingrédients découpés pour le pistou jusqu'à obtenir un coulis. Goûtez, ajustez. Mettez au frais en carafe ou dans un bol.

On tapisse le fond de son assiette creuse de pistou froid et on le recouvre de légumes chauds. Se mange à la cuillère. Irrésistible !

7. Carottes confites à l'ail rose et au thym

« Subliment un poulet rôti ou un poisson, mais seules, en majesté, elles explosent en bouche. Vous n'aimez pas l'ail ? La fleur de thym les habille très bien aussi. »

Préparation : 15 min / Cuisson : 30 min / Ingrédients pour 4 à 6

1,5 kg de carottes de sable ou en botte - 2 ou 3 têtes entières d'ail rose (doux) - 10 cl d'huile d'olive

Pelez et découpez les carottes en tronçons de 1 cm. Pelez, dégermez et découpez les gousses d'ail en lamelles fines. Dans une sauteuse, faites revenir l'ail dans l'huile à feu doux. Il doit devenir translucide mais rester blanc. Saisissez carottes et thym 2 min pour les colorer. Ajoutez 10 cl d'eau. Baissez le feu, couvrez. Laissez mijoter 30 min ou plus pour les confire. Découvrez la cocotte les 10 dernières min (si besoin, poussez le feu). Ça sent le caramel ? C'est prêt !

18. Mafaldines aux tomates cerises

Préparation : 30 min / Cuisson : 10-12 min / Ingrédients pour 4

400 g de mafaldines De Cecco® - 400 g de tomates cerises - Le jus de 3 citrons jaunes - 50 g de noisettes entières grillées (facultatif) - 300 g de roquette - 2 gousses d'ail rose - 2 c. à s. de moutarde de Dijon - 2 blancs de poulet - 10 cl d'huile d'olive ou plus - 2 c. à s. de sauce soja - 2 c. à s. d'huile d'olive - 30 g de beurre - Sel, gros poivre pour steak

Coupez les tomates cerises en 2. Concassez grossièrement les noisettes. Lavez et séchez la roquette. Pelez, dégermez et écrasez les gousses d'ail. Mélangez moutarde, jus de citron, sel et poivre. Coupez les blancs de poulet en lamelles fines. Faites-les sauter 4 min à feu vif dans une poêle avec 2 c. à s. d'huile d'olive et la sauce soja. Remuez avec 2 spatules (1 dans chaque main).

Cassez les pâtes en 3. Plongez-les dans 4 l d'eau bouillante salée le temps indiqué sur le paquet. Égouttez-les et remettez-les dans le faitout à feu doux avec beurre, huile d'olive, lamelles de poulet, tomates cerises et ail écrasé. Salez, poivrez. Remuez avec 2 spatules. Hors du feu, ajoutez roquette, huile d'olive et sauce moutarde. Remuez. Goûtez, ajustez. Parsemez de noisettes. C'est prêt.

“ Ces longues pâtes plates, larges comme des tagliatelles et dentelées, sont parfaites pour ce plat complet à la saveur milanaise citronnée. ”

19. Curry de poulet indien au yaourt et aux fruits

« Très malin, il vous dispense de chutney : les fruits sont dedans ! »

Préparation : 25 min / Cuisson : 30 min / Macération : 1 ou 2 h / Ingrédients pour 4

500 g de blancs de poulet - 250 g d'oignons - 1 banane encore verte - 1 pomme granny - 1 mangue ou 1 petit ananas - 150 g de tomates - 2 citrons verts - 20 cl de lait de coco - 1 c. à c. de curry - 1 c. à c. de massalé (facultatif) - 1 de cannelle - 2 c. à s. de coriandre ciselée - 2 yaourts nature - 2 c. à s. d'huile - Sel, poivre

Coupez les blancs de poulet en lamelles. Mélangez-les dans un saladier avec les yaourts. Placez au frais 1 h ou 2. Pelez et émincez les oignons.
Pelez et coupez les tomates et les fruits en petits cubes. Râpez le zeste d'1 citron et pressez les 2.

Dans une sauteuse, faites sauter 5 min à feu vif huile, oignons et épices. Ajoutez blancs de poulet, yaourts, lait de coco, épices, tomates et fruits. Mélangez. Cuisson 15 min à feu doux à couvert. Ajoutez coriandre, zeste et jus des citrons. Mélangez encore 10 min. Servez.

Accompagné de riz et d'épinards, ce plat unique qui peut être fait la veille deviendra vite votre plat fétiche.

20. Bœuf haché “ thaï ”

“ Au wok ou à la poêle, un steak haché en sarong... ”

Préparation : 15 min / Cuisson : 7 min / Ingrédients pour 4

500 g de steak haché - 2 gros oignons - 16 tomates cerises - 1 pincée de Cayenne - 1 c. à c. de 5-épices ou de gingembre en poudre - 1 c. à c. de curry - 1 gousse d'ail - 1 c. à c. de sucre - 10 cl de coulis de tomate - 1 c. à s. de vinaigre blanc - 2 c. à s. de ciboulette ciselée - 2 c. à s. d'huile - Sel, poivre

Coupez les tomates en 2. Émincez les oignons. Faites chauffer l'huile dans un wok ou une grande poêle pour blondir à feu vif, 2 min, oignons et épices en remuant sans cesse. Ajoutez la gousse d'ail écrasée et la viande en l'émiettant rapidement avec une grande fourchette dans la poêle. Faites cuire 3 ou 4 min en écrasant toujours le steak puis en le tournant avec 2 spatules. Versez le coulis. Salez, sucrez, poivrez. Ajoutez les tomates. Mélangez 30 s. Ajoutez la ciboulette. Servez.

Vous êtes 8 ? Doublez tout et utilisez 2 poêles. Accompagnez ce plat de spaghettini, de riz, quinoa ou juste d'une salade.

21. Le méchoui marocain

" Le plat de fête par excellence...

Préparation : 5 min / Marinade : 1 h minimum (4, c'est mieux) / Cuisson : 2 h 30 / Ingrédients pour 4
1,5 kg d'épaule d'agneau dégraissée mais non découpée, avec os et palette

Pour la marinade : Mélangez 1 c. à c. de curcuma - 1 de gingembre en poudre - 1 de cumin en poudre - ½ de paprika et ½ de cannelle - 10 cl d'huile - Sel, poivre

Posez l'épaule entière dans un plat de cuisson à peine plus grand qu'elle et badigeonnez-la au pinceau avec la marinade. Réservez à température ambiante.

3 h avant le repas, allumez le four à 150 °C. Ajoutez 20 cl d'eau au fond du plat et glissez-le dans le four froid. Cuisson 2 h sans ouvrir le four, sans retourner l'épaule. L'arroser 1 seule fois, rajoutez un peu d'eau à mi-cuisson.
Si la viande n'est pas assez dorée, poussez le four à 200 °C les 30 dernières min.

Découpez-la en morceaux (pas en tranches). Il y a peu de jus, voire pas du tout, d'où l'importance de l'accompagner d'un légume moelleux comme le gratin d'oignons.

.. au Maroc, avec le couscous, le méchoui est
e porte-drapeau de la cuisine raffinée, aussi facile
préparer qu'impressionnant pour la galerie. ”

“ Citronné et tomaté, ce riz est le compagnon idéal du poisson. Avec du thon à l'huile, des anchois ou des crevettes, il devient un plat à part entière. ”

22. Riz à la sicilienne

Préparation : 20 min / Cuisson : 25 min / Ingrédients pour 4

300 g de riz rond (pas pour risotto) - 1 oignon - 4 grosses tomates - 2 filets d'anchois au sel ou 200 g de thon à l'huile - 1 c. à s. de vinaigre de cidre - 1 c. à s. de concentré de tomate - 15 cl de vin blanc - Le jus de 2 citrons - 1 c. à c. de moutarde - 50 g d'olives noires dénoyautées - 1 c. à s. de flocons d'origan - Sel, poivre - Huile d'olive - Cayenne

Faites cuire le riz 10 min dans 3 litres d'eau salée bouillante. Égouttez-le en le rinçant sous l'eau froide, puis faites-le revenir 2 min dans une poêle avec 2 c. à s. d'huile d'olive.

Hachez l'oignon. Coupez les tomates en cubes. Écrasez les anchois (ou le thon) à la fourchette. Découpez les olives en 4.

Faites dorer l'oignon 5 min dans une poêle avec 2 c. à s. d'huile d'olive. Arrosez-le de vinaigre, vin blanc, moutarde diluée dans le jus de citron, des anchois ou du thon et du concentré de tomate. Mélangez rapidement, retirez du feu.

Étalez le riz chaud sur un plat. Nappez-le de sauce, sel et poivre.

Dans la même poêle, faites revenir 1 min les cubes de tomates à l'huile d'olive. Ajoutez olives et origan. Sel, poivre, Cayenne. Mélangez. Versez sur le riz **sans mélanger** et servez.

23. Clafoutis aux courgettes et basilic

« Parfait quand les amis débarquent sans prévenir...

Préparation : 20 min / Cuisson : 30 min / Ingrédients pour 4

600 g de courgettes - 6 œufs - 2 gousses d'ail nouveau - 1 bouquet de basilic - 1 de persil plat - 25 g de chapelure - 50 g de parmesan râpé - Huile d'olive - 2 pincées de noix de muscade râpée - Sel, poivre

Allumez le four à 150 °C. Huilez un moule à manqué en porcelaine à feu de 22 cm. Versez le reste de l'huile dans une poêle de 26 cm.

Râpez grossièrement les courgettes au robot ou découpez-les en rondelles fines. Écrasez les gousses d'ail dégermées. Découpez les herbes. Posez la poêle sur feu vif. Faites-y dorer les courgettes à l'huile en remuant avec 2 spatules. Salez légèrement. Poivrez. Dans un bol, battez les œufs à la fourchette. Salez, poivrez et râpez la noix de muscade.

Dans la poêle contenant les courgettes, ajoutez ail, basilic, persil et chapelure. Mélangez 30 s. Versez les œufs et remuez 1 min. Hors du feu, ajoutez le parmesan, mélangez et versez le contenu de la poêle dans le moule. Glissez-le au four chaud 20 min. Le clafoutis est blond ? À table !

… il est peu probable que vous ne le fassiez qu'une seule fois cet été. Petits et grands vous le réclameront ! Un vrai gâteau, chaud, tiède ou froid. »

4. MA bolognaise

« Même les végétariens craquent, parole de cuisinière ! »

Préparation : 25 min / Ingrédients pour 4 à 6
600 g de bœuf ou agneau haché (ou mélange des 2) - 250 g d'oignons - 1 gousse d'ail - 2 côtes tendres de céleri-branche - 1 carotte - 20 cl de vin rouge - 25 cl de purée de tomate - 1 c. à s. de vinaigre blanc - 1 c. à c. de sucre - Pincées de Cayenne, de muscade râpée et de cannelle - 1 c. à s. de flocons d'origan - 30 g de beurre - Huile, sel et poivre - Pour accompagner, 400 g d'orecchiette et parmesan râpé

Émincez finement oignons et céleri. Pelez et râpez finement la carotte. Dans un mélange d'huile et de beurre, faites-les blondir 5 min en mélangeant sans cesse avec 2 spatules. Ajoutez la viande à feu vif 5 min et émiettez-la avec une fourchette. Ajoutez sel, poivre et épices. Baissez le feu. Pelez, dégermez et écrasez l'ail, ajoutez-le, mélangez. Versez le vin. En remuant, laissez-le s'évaporer à feu vif 4 min. Versez purée de tomate, origan, vinaigre blanc et sucre. Remuez. Cuisson à feu doux 15 min. Faites bouillir 4 l d'eau salée. Jetez-y les orecchiette le temps indiqué sur le paquet. Égouttez et mélangez à la bolognaise chaude avec une noix de beurre. Servez le parmesan dans un bol.

25. L'irrésistible gratin d'oignons

« Il accompagne divinement viandes, poulet, poissons rôtis ou un gratin de coquillettes qu'il anoblit. Enfilez vos lunettes de plongée ou versez des larmes, pelez les oignons, et vous resterez dans la mémoire de tous... »

Préparation : 20 min / Cuisson : 40 min / Ingrédients pour 6

1,5 kg d'oignons - 4 c. à s. d'huile d'olive - 2 jaunes d'œufs - 50 g de parmesan râpé - 20 cl de lait de coco - Muscade - Sel, poivre concassé

Préchauffez le four à 200 °C. Émincez les oignons. Faites-les revenir 15 min à la poêle avec huile, sel et poivre : feu vif au début en remuant sans cesse avec 2 spatules, puis feu doux à couvert jusqu'à ce qu'ils soient translucides. Mélangez dans un bol à la fourchette jaunes d'œufs, lait de coco, muscade et parmesan et versez le tout hors du feu sur les oignons. Mélangez, remplissez dans un plat à gratin sur 3 à 4 cm d'épaisseur. Dorez le tout au four chaud 15 à 20 min.

26. Ma brioche fleur

“ Simple, spectaculaire et inratable…

Pétrissage : 35 min / 2 levées : 10-12 h (la nuit) + 1 h le lendemain / Cuisson : 25 min / Ingrédients pour 8
500 g de farine blanche ou (ma préférence) 400 g de blanche + 100 g de complète type 110 - 12 g de sel - 100 g de sucre - 11 g (2 paquets) de levure sèche de boulanger - 225 g d'œufs (4-5) - 75 g de lait à peine tiède - 250 g de beurre doux d'excellence très froid

Le soir : dans le bol du robot, mélangez tout sauf le beurre au bras pétrisseur 20 min, vitesse lente 1 ou 2. La pâte se décolle des bords ? Ajoutez le beurre par petites parcelles tout en laissant tourner 15 min, vitesse 2 à 3. La pâte doit s'enrouler entièrement autour du bras, être brillante et élastique. Sinon, ajoutez 5 min. Détachez-la du bras, recouvrez-la de film alimentaire et placez le bol dans votre four éteint toute la nuit.

Le lendemain : la pâte aura doublé de volume. Passez le moule sous l'eau froide, égouttez-le rapidement, placez la pâte dedans en l'enfilant à 2 mains autour de la cheminée centrale sans l'aplatir. 1 h après, allumez le four vide à 180 °C. 15 min après, glissez-y le moule. 25 min après, c'est cuit ! Ça sent bon dans la maison. Démoulez aisément sur un plat ou une planche.

fruit d'une vie de recherche, inspirée du génie
âtissier Grolet. À tomber! Le moule en silicone?
ır Internet... Robot obligatoire. À pétrir la veille. »

27. Fondant au chocolat

« Vous avez déjà 12 recettes de fondant ? Essayez celle-ci. Le plus en saveur ? Le mélange sucres roux-blanc. Le plus en gain de temps ? Inutile de battre les blancs en neige… Et il vieillit bien ! »

Préparation : 15 min / Cuisson : 23 min / Ingrédients pour 6

250 g de chocolat noir à 65 % - 200 g de beurre doux - 40 g de sucre blanc - 40 g de sucre roux - 70 g de farine - 4 œufs - Noix de coco râpée (facultatif) - Cacao amer

Préchauffez le four à 200 °C. Prenez un moule rond en silicone (ou antiadhésif) de 20 à 22 cm. Faites fondre chocolat et beurre au bain-marie ou à la casserole sans faire bouillir, en touillant sans cesse à la spatule. Retirez du feu une fois lisse. Ajoutez (dans cet ordre) les sucres, mélangez, la farine, mélangez. Ajoutez les œufs battus en omelette en tournant pour que le tout soit homogène.

Versez dans le moule. S'il est en silicone, posez-le vide sur la grille du four préalablement posée sur le plan de travail, puis remplissez-le. Enfournez et baissez la température à 150 °C. Cuisson 20 min. Hors du four, attendez 10 min avant de démouler. Saupoudrez de cacao et de noix de coco râpée. Ou pas. Un bol de crème anglaise ou de chantilly ne nuit guère…

28. Clafoutis aux framboises

« Rapport temps-saveur-volupté, ce clafoutis remporte la palme. Gratification garantie ! »

Préparation : 20 min / Cuisson : 50 min / Ingrédients pour 6

1 œuf + 2 jaunes - 90 g de sucre semoule - 1 c. à s. de farine - 20 cl de crème liquide - 350 g de framboises fraîches en été (surgelées en hiver)

Préchauffez votre four à 160 °C. Étalez les framboises dans un plat rectangulaire. Saupoudrez-les de 20 g de sucre.

Dans un bol à pâtisserie, mélangez au fouet, à la main, l'œuf, les jaunes, et 70 g de sucre, sans faire mousser. Ajoutez la farine, puis la crème. Mélangez encore au fouet. Versez délicatement la préparation sur les framboises.

Cuisson au four 50 min. Le clafoutis ne doit jamais bouillir (si besoin, baissez le four à 150 °C). Sortez le moule et laissez-le refroidir. Ce gâteau se mange à température ambiante. Attention, addiction !

29. Fruits rouges sablés

« Probablement mon dessert préféré…

Préparation : 30 min / Cuisson : 40 min / Ingrédients pour 6

250 g de fraises - 200 g de groseilles - 300 g de framboises - 40 + 75 g de sucre en poudre - 125 g de farine (complète de préférence) - 1 c. à c. de cannelle - 125 g de beurre salé mou - 100 g d'amandes effilées

Préchauffez votre four à 210 °C. Beurrez un moule à manqué de porcelaine à four de 24 cm. Lavez fraises et groseilles. Équeutez-les.

Mettez les fruits dans un saladier. Poudrez-les de 40 g de sucre. Mélangez bien et versez-les dans le moule en une seule couche, bien serrés.

Dans une terrine, mélangez rapidement du bout des doigts la farine, 75 g de sucre, la cannelle, les amandes effilées et le beurre mou, jusqu'à obtention d'une grosse semoule.

Couvrez les fruits de cette pâte, toujours du bout des doigts, sans tasser. Cuisson au four 40 min (la surface doit être dorée et croustillante). Servez tiède. Attention, le jus peut déborder à la cuisson : posez sous le plat un papier d'alu.

… essayez ce cousin germain du crumble.
J'aime ses contrastes de matières:
croûte craquante et fruits moelleux, acidité
des fruits et pâte sucrée. Bref, l'harmonie! »

30. Le Léon, gâteau d'anniversaire

“ Chacun de mes 8 petits-enfants a son gâteau. Il faut dire que 2 couches de macarons, 2 de chantilly, le tout recouvert de framboises et de bougies, ça en jette! Sans bougies, ça marche aussi pour un soir de fête... ”

Préparation : 45 min / Cuisson : 30 min / Ingrédients pour 8

4 blancs d'œufs - 250 g de sucre en poudre - 3 gouttes de vinaigre blanc - 150 g de noisettes ou amandes en poudre (ou un mélange) - 30 g de beurre pour le moule - 350 g de framboises fraîches - 35 cl de crème fraîche liquide au lait entier - 2 c. à s. de sucre glace

Allumez le four à 160 °C. Versez la crème fraîche dans un bol à pâtisserie de 22 cm et glissez-le au congélateur une dizaine de min. La chantilly prendra mieux et plus vite.

Choisissez 2 moules à manqué de 22 cm, antiadhésifs ou, mieux, en silicone.
Pour une meringue ferme et brillante, battez les blancs en neige 5 min au fouet électrique, en ajoutant le sucre semoule petit à petit sans interrompre le mouvement. Ajoutez 3 gouttes de vinaigre blanc (il empêche les blancs de tomber) et battez quelques secondes.

Incorporez les noisettes (ou amandes) à la spatule sans touiller, en soulevant la masse (comme pour un soufflé) pour homogénéiser le tout, délicatement mais rapidement. Étalez la moitié de l'appareil dans chaque moule. Lissez à la spatule. Cuisson entre 30 et 35 min. Les gâteaux seront à peine colorés : normal. Sortez-les et laissez-les reposer 10 min.

Pendant la cuisson, sortez le bol de crème fleurette, ajoutez le sucre glace et battez au plus rapide au batteur (la crème doit tenir toute seule). Remettez le bol au frais.

Démoulez délicatement les gâteaux. Posez un disque sur le plat de service. Étalez la moitié de la chantilly à la spatule. Posez le deuxième disque par-dessus. Étalez le reste de la chantilly. Passez la spatule aussi sur les côtés (la chantilly déborde toujours un peu). Tapissez le dessus de framboises, que vous poserez une à une, la pointe en haut, bien serrées en cercles concentriques, en recouvrant totalement la chantilly. Gardez au frais jusqu'au dernier moment.

Table des recettes